M000082862

___/___/___

___ / ___ / ___

___ / ___ / ___

___ / ___ / ___

\_\_ / \_\_ / \_\_

\_\_ / \_\_ / \_\_

___ /___ /___

___ / ___ / ___

___/___/___

\_\_ / \_\_ / \_\_

\_\_ / \_\_ / \_\_

___ / ___ / ___

___/___/___

___/___/___

\_\_ / \_\_ / \_\_

___ / ___ / ___

__ / __ / __

___ / ___ / ___

___ / ___ / ___

___ / ___ / ___

___/___/___

___/___/___

___ /___ /___

___ / ___ / ___

___/___/___

___ / ___ / ___

\_\_ / \_\_ / \_\_

___ / ___ / ___

___/___/___

___ / ___ / ___

___/___/___

___ / ___ / ___

___ / ___ / ___

___ / ___ / ___

___/___/___

\_\_ / \_\_ / \_\_

___/___/___

___ / ___ / ___

___ / ___ / ___

\_\_ / \_\_ / \_\_

\_\_ / \_\_ / \_\_

___/___/___

\_\_ / \_\_ / \_\_

___ / ___ / ___

\_\_ / \_\_ / \_\_

___ / ___ / ___

___ / ___ / ___

___/___/___

\_\_ / \_\_ / \_\_

___ / ___ / ___

___/___/___

___ / ___ / ___

___/___/___

___ / ___ / ___

___ / ___ / ___

___/___/___

___ / ___ / ___

___ / ___ / ___

___ / ___ / ___

_\_/\_/\_

__ /__ /__

___ / ___ / ___

___ / ___ / ___

___/___/___

\_\_ / \_\_ / \_\_

___/___/___

\_\_ / \_\_ / \_\_

\_\_ / \_\_ / \_\_

___/___/___

\_\_ / \_\_ / \_\_

___ / ___ / ___

___/___/___

___ / ___ / ___

___ /___ /___

___ / ___ / ___

___ / ___ / ___

___ / ___ / ___

___ /___ /___

___ / ___ / ___

___/___/___

___ / ___ / ___

Made in the USA
Monee, IL
01 July 2020

35418155R00069